Linnéa Keilonat

Diversity-Management als Unternehmensstrategie

Konzeptionelle Ansätze von "Managing Diversity" im Human Resource Management

GRIN Verlag

Bibliografische Information der Deutschen Nationalbibliothek:

Die Deutsche Bibliothek verzeichnet diese Publikation in der Deutschen National-
bibliografie; detaillierte bibliografische Daten sind im Internet über http://dnb.d-
nb.de/ abrufbar.

Impressum:

Copyright © 2012 GRIN Verlag GmbH
Druck und Bindung: Books on Demand GmbH, Norderstedt Germany
ISBN: 978-3-656-51236-3

Dieses Buch bei GRIN:

http://www.grin.com/de/e-book/262233/diversity-management-als-unternehmens-
strategie

GRIN - Your knowledge has value

Der GRIN Verlag publiziert seit 1998 wissenschaftliche Arbeiten von Studenten, Hochschullehrern und anderen Akademikern als eBook und gedrucktes Buch. Die Verlagswebsite www.grin.com ist die ideale Plattform zur Veröffentlichung von Hausarbeiten, Abschlussarbeiten, wissenschaftlichen Aufsätzen, Dissertationen und Fachbüchern.

Besuchen Sie uns im Internet:

http://www.grin.com/

http://www.facebook.com/grincom

http://www.twitter.com/grin_com

Humboldt-Universität zu Berlin   **SS 2012**

Philosophische Fakultät IV

Institut für Erziehungswissenschaften

Lehrstuhl für Erwachsenenpädagogik/Lebenslanges Lernen

Seminararbeit im Rahmen des Seminars

„Human Resource Management"

zum Thema:

Diversity Management als Unternehmensstrategie

Konzeptionelle Ansätze von „Managing Diversity" im Human Resource Management

Verfasserin: Linnéa Keilonat

Studiengang: Erwachsenenpädagogik/Lebenslanges
            Lernen (Master of Arts)
            4. Fachsemester

Eingereicht: 15.10.2012

Inhalt

1. Begründungszusammenhang Human Resource Management (HRM) und Diversity in der Erwachsenenbildung

Die Erwachsenenbildung hat eine Chancengleiche also Diversity-gerechte Grundhaltung in ihrer Betrachtung des Menschen inne. Unternehmen richten sich, aufgrund ihrer Ausrichtung auf Wirtschaftlichkeit, dennoch selten nach den Grundsätzen von *equitiy*-Chancengleichheit und Diversity- Vielfalts- und Differenzanerkennung. Somit wurde in der Betriebswirtschaft in den 90er Jahren das Konzept der Diversity-freundlichen Unternehmensstrategie und Personalmanagements auch in ihrer Effizienz für die Wirtschaftlichkeit hin untersucht und genutzt. Heute sind auch in Deutschland einige Unternehmen auf Diversity-gerechtes Unternehmensmanagement und Human Ressource Management umgestiegen. In der vorliegenden Arbeit sollen Grundzüge eines solchen, auf Diversity ausgerichteten, Human Resource Managements beleuchtet und Konzepte und Methoden der *Diversity Education* – der Bildungsansätze, im Speziellen, betrachtet werden. Dabei werden zwei Exkurse zu Diversity Education tangierenden Themen a) Interkulturellen Trainings und b) frauenspezifischen Weiterbildungsangeboten angeführt. Aufgrund des eingeschränkten Rahmens dieser Arbeit stellt die Untersuchung keinen Anspruch auf Vollständigkeit. Zu Beginn wird auf die Voraussetzung der Möglichkeit für Chancengleichheit, die rechtlichen Grundlagen, Bezug genommen. Im weiteren Verlauf wird auf Grenzen und Möglichkeiten anderer Diversity Methoden, wie der *Bottom up Methode* und der *Top down Methode*, eingegangen. Um ein Verständnis von Diversität und Diversity Management oder im englischen *Managing Diversity*, zu schaffen, soll in der vorliegenden Arbeit zudem auf die, im Laufe der Zeit unterschiedlich gebrauchten, Begrifflichkeiten und Definitionen eingegangen werden. Der Fokus liegt hier deutlich auf Konzepten von Diversity Education im Human Resource Management.

2. Definition von Diversity und "Cultural Diversity"

Der Begriff *diversity* (kleingeschrieben) wird mit Diversität bzw. Vielfalt übersetzt. Im *Human Resource Management* (HRM) wird der Terminus *Diversity* oder *Managing Diversity*, im deutschen *Diversity Management* großgeschrieben und bezeichnet die, nach Vielfalt und *equity* orientierte, Struktur und Ausrichtung von Unternehmen. Der Begriff ist in den 90er Jahren in den USA, insbesondere im betriebswirtschaftlichen Kontext, gebräuchlich geworden und hat die vielfältige Belegschaft und Steakholder ganz bewusst zum Gegenstand des Unternehmens- bzw. des Personalmanagements gemacht, indem deren Potenziale für den Erfolg der Organisation aktiv genutzt werden sollten (vgl. N. Kimmelmann 2010, S. 63). In den USA hat das Konzept seine Wurzeln im Vielfaltsstaat, der aus unterschiedlichen Ethnien besteht und damit das *Managing Diversity* als kulturelles Basiskonzept in Organisationen hat (A. Frohnen, 2005, S. 114). Unter dem Terminus „Diversity" fasst K. Wilbers (2009) Geschlecht, soziale Klasse, Aussehen, Alter, ethnisch-kulturelle Diversität, sprachlicher Hintergrund, sexuelle Ausrichtung, Behinderung, Religion, Lebensstil (vgl. N. Kimmelmann 2010, S. 3). Eine weitere Definition hält den Begriff bewusst auf Unterschiede in einer sozialen Gruppierung beschränkt, so A. Davidoff (2009). Diversity sei „the collective amount of differences among members within a social unit." (Harrison & Sin, S. 1996 In: A. Davidoff 2009, S. 9). Cultural Diversity wird im deutschen durch den Terminus *Migrationshintergrund* aufgeschlüsselt, Darunter wird nach der Definition des Mikrozensus des Statistischen Bundesamtes im Jahre 2005 folgendes verstanden:

1. Ausländer/innen (keine deutsche Staatsangehörigkeit)[1]
2. Spätaussiedler/innen (nach 1950) zugewandert,
3. Eingebürgerte,
4. Kinder (und Erwachsene) von denen mindestens ein Elternteil unter die Personengruppen 1. - 3. fällt

Der Begriff Diversity steht, im Gegensatz zum Begriff der Heterogenität, nicht nur für Verschiedenheit, sondern meint Vielfalt. Er beschreibt Ungleichheit bezogen auf ein Kriterium und meint sich darauf beziehende Abweichungen. Dazu stünde es aber in Abgrenzung zu dem Konstrukt bzw. in der Dualität der Homogenität. Diversität umfasst hingegen die Multidimensionalität der Gesamtheit und Unterschiede (vgl. N. Kimmelmann 2010 S. 50; V. Anders u.a. 2008, S. 13). Um Vielfalt zu erkennen, muss allerdings erst einmal die Heterogenität also ihre Andersartigkeit und Unterschiedlichkeit wahrgenommen werden. Diese Unter-

---

[1] Eine differenzierte Betrachtung bzw. Erläuterung der Grenzziehung zwischen Inländern und Ausländern vgl. Beck-Gernsheim (2007, S. 116 ff)

schiede können dann als wertvolle Ressourcen erkannt und dementsprechend gefördert bzw. genutzt werden. Diversity Management steht für eine konkrete Art und Weise des Umgangs damit. Durch den sich stetig ändernden demographischen Wandel, ist vor allem in Deutschland, das sich seit erst kurzer Zeit als Einwanderungsland begreift, der Umgang mit vielfältigen Belegschaften zum Thema geworden. Im Bereich Gender und Umgang mit Frauen in Führungspositionen und gleichberechtigter Behandlung wie beispielsweise in der Entlohnung, aber auch kultureller und/oder religiöser Diversität, besteht nach wie vor Unsicherheit (G. Krell 2004, S.43). Der Leistungswille und die Leistungsfähigkeit der Beschäftigten, die nicht zur monokulturell dominanten Gruppe gehören, werden noch oft durch Diskriminierung durch diese geschwächt oder unterbunden. Leider ist noch heute strukturelle Diskriminierung in vielen Unternehmen vorzufinden, die das Einstellen und Aufsteigen von Beschäftigten mit, ethnisch von der dominanten Gruppe sich unterscheidender Herkunft, gezielt zu verhindern versucht.

3. Rechtliche Grundlage als Voraussetzung

Um eine Gesellschaftliche Grundlage für das Etablieren von Diversity Konzepten in Unternehmen zu erhalten ist die Notwendigkeit einer pluralen Gesellschaft einerseits und eine demokratisch rechtliche Gesetzesgrundlage andererseits notwendig. Die rechtliche Grundlage in Deutschland sieht im Grundgesetz das Recht und den Schutz der Würde des Menschen vor, in Artikel zwei ist die freie Entfaltung der Persönlichkeit verankert, und in Artikel drei Absatz zwei verpflichtet sich der Staat, die tatsächliche Förderung der Gleichberechtigung von Männern und Frauen zu fördern und auf die Beseitigung bestehender Nachteile hinzuwirken. Absatz drei besagt, dass niemand aufgrund des Geschlechts, der Abstammung, der Rasse, der Sprache, der Heimat und Herkunft des Glaubens, der religiösen oder politischen Anschauungen oder wegen einer Behinderung benachteiligt werden darf.

In Deutschland haben nach dem Mikrozensus 2005 ca. 18,2 % der deutschen Bevölkerung einen Migrationshintergrund, das entspricht 15,3 Millionen Menschen. Inzwischen dürften es noch mehr sein. Darunter zählen Menschen, deren Eltern und Großeltern ausländische Herkunft haben, die selbst eingewandert sind oder gemischt kulturelle Hintergründe oder Asylbewerberstatus haben. Ihr Anteil in der Altersgruppe bis 25 Jahre beträgt 27, 2 %, das ist etwa ein Viertel der Bevölkerungsgruppe. (Statistisches Bundesamt, 2006, S.75 N. Kimmelmann 2009) Damit verknüpft sind diverse sprachliche und religiöse Hintergründe wie auch familiäre und schulische Sozialisationen mit darin vermittelten Werten und Normvorstellungen. (vgl. N. Kimmelmann 2010, S.25). Dieser Faktor vergrößert die ohnehin schon vorhandene Diversität der Personen in unterschiedlichen Lebens- und Arbeitswelten, so auch in Unternehmen vornehmlich internationaler Ausrichtung. Diversity wird mit Vielfalt übersetzt, und in der Unternehmenswelt vor allem mit personeller Vielfalt, welche die Human Ressourcen darstellt, thematisiert. Aus dieser personellen Vielfalt soll aus der Sicht des Unternehmens ein größtmöglicher wirtschaftlicher und sozialer Profit erzielt werden indem sich die diversen humanen Ressourcen zu Nutze gemacht werden.

Um eine Detaillierte Grundlage für das rechtliche Verständnis zu schaffen, auf dem Unternehmen und seine Personalentwicklung bzw. das HRM agieren, folgen an dieser Stelle einige rechtliche Grundlagen die für Diversity-gerechtes (Human Resource) Managament wichtig sind:

a) *Grundgesetztes* in der die Würde des Menschen in Artikel 1 geschützt wird, so auch in Artikel 2 die freie Entfaltung der Persönlichkeit. In Artikel 3 Absatz 2 findet sich die Klausel zur Gleichberechtigung von Männern und Frauen und der staatlichen Verpflichtung diese durchzusetzen und zu fördern. Artikel 3 besagt, dass Niemand aufgrund des Geschlechts, der Abstammung, der Rasse, der Sprache, der Heimat und Herkunft des Glaubens, der religiösen und politischen Anschauungen benachteiligt oder bevorzugt und niemand wegen einer Behinderung benachteiligt werden darf.

b) auf das die *UNESCO 2002* ein Pamphlet zur „Verteidigung kultureller Vielfalt" als einen „ethische(n) Imperativ, der untrennbar mit der Achtung der Menschenwürde verknüpft ist" aufbaut. Ebenso der EG Vertrag des europäischen Rechts von 1997. Dessen & 13 verbietet Diskriminierung aufgrund des Geschlechts, der Rasse, der ethnischen Herkunft, der Religion oder Weltanschauung, einer Behinderung, des Alters oder der sexuellen Orientierung. Mit den beiden Richtlinien aus dem Jahr 2000 wurden diese Bestimmung erneut aufgegriffen und ihre Umsetzung in nationales Recht vorgeschrieben.

c) Im *Betriebsverfassungsgesetz* sind bereits Diversity relevante Regelungen enthalten wie in § 75 „Grundsätze für die Behandlung der Betriebsangehörigen": „(1) Arbeitgeber und Betriebsrat haben darüber zu wachen, dass jede unterschiedliche Behandlung von Personen wegen ihrer Abstammung, Religion, Nationalität, Herkunft, politischen oder gewerkschaftlichen Betätigung oder Einstellung oder wegen ihres Geschlechts oder ihrer sexuellen Identität unterbleibt. Sie haben darauf zu achten, dass Arbeitnehmer nicht wegen Überschreitung bestimmter Altersstufen benachteiligt werden. (2) Arbeitgeber und Betriebsrat haben die freie Entfaltung der Persönlichkeit der im Betrieb beschäftigten Arbeitnehmer zu schützen und zu fördern." In §80 heißt es allgemeine Aufgaben des Betriebsrates sind es die

- „Durchsetzung der tatsächlichen Gleichstellung von Frauen und Männern, inbesondere bei der Einstellung, Beschäftigung, Aus-, Fort- und Weiterbildung und den beruflichen Aufstieg, zu fördern."

- die „Vereinbarkeit von Familie und Erwerbstätigkeit zu fördern"

- „Anregungen der Jugend- und Auszubildenenvertretung entgegenzunehmen..."

- die „Eingliederung Schwerbehinderter und sonstiger besonders schutzbedürftiger Personen zu fördern",

- die „Beschäftigung älterer Arbeitgeber im Betrieb zu fördern",

- die „Integration ausländischer Arbeitnehmer im Betrieb und das Verständnis zwischen ihnen und den Deutschen Arbeitnehmern zu fördern sowie Maßnahmen zur Bekämpfung von Rassismus und Fremdenfeindlichkeit im Betrieb zu beantragen"

d) Zusätzlich in Kraft getreten ist seit 2006 das *allgemeine Gleichbehandlungsgesetz.* Dort heißt es „Ziel des Gesetzes ist, Benachteiligungen aus Gründen der Rasse oder wegen der ethnischen Herkunft, des Geschlechts, der Religion oder Weltanschauung, einer Behinderung, des Alters oder der sexuellen Identität zu verhindern oder zu beseitigen." Es wird folgendermaßen weiter ausgeführt:

§ 2 Anwendungsbereich

(1) Benachteiligungen aus einem in § 1 genannten Grund sind nach Maßgabe dieses Gesetzes unzulässig in Bezug auf:

1. die Bedingungen, einschließlich Auswahlkriterien und Einstellungsbedingungen, für den Zugang zu unselbstständiger und selbstständiger Erwerbstätigkeit, unabhängig von Tätigkeitsfeld und beruflicher Position, sowie für den beruflichen Aufstieg,

2. die Beschäftigungs- und Arbeitsbedingungen einschließlich Arbeitsentgelt und Entlassungsbedingungen, insbesondere in individual- und kollektivrechtlichen Vereinbarungen und Maßnahmen bei der Durchführung und Beendigung eines Beschäftigungsverhältnisses sowie beim beruflichen Aufstieg,

3. den Zugang zu allen Formen und allen Ebenen der Berufsberatung, der Berufsbildung einschließlich der Berufsausbildung, der beruflichen Weiterbildung und der Umschulung sowie der praktischen Berufserfahrung,

4. die Mitgliedschaft und Mitwirkung in einer Beschäftigten- oder Arbeitge-
bervereinigung oder einer Vereinigung, deren Mitglieder einer bestimmten Be-
rufsgruppe angehören, einschließlich der Inanspruchnahme der Leistungen
solcher Vereinigungen,

5. den Sozialschutz, einschließlich der sozialen Sicherheit und der Gesund-
heitsdienste,

6. die sozialen Vergünstigungen,

7. die Bildung,

8. den Zugang zu und die Versorgung mit Gütern und Dienstleistungen, die der
Öffentlichkeit zur Verfügung stehen, einschließlich von Wohnraum.

(2) Für Leistungen nach dem Sozialgesetzbuch gelten § 33c des Ersten Buches
Sozialgesetzbuch und § 19a des Vierten Buches Sozialgesetzbuch. Für die
betriebliche Altersvorsorge gilt das Betriebsrentengesetz.

(3) Die Geltung sonstiger Benachteiligungsverbote oder Gebote der Gleichbehandlung wird durch dieses Gesetz nicht berührt. Dies gilt auch für öffentlich-
rechtliche Vorschriften, die dem Schutz bestimmter Personengruppen dienen.

(4) Für Kündigungen gelten ausschließlich die Bestimmungen zum allgemeinen
und besonderen Kündigungsschutz.

Unter Berücksichtigung dieser bereits bestehenden Gesetze sollte der Umgang
und der Aufbau jedes Unternehmens theoretisch mühelos unter Diversity-
gerechten Kriterien gelingen. Viele Unternehmen tun sich dennoch schwer
damit. Das bedeutet, das Antidiskriminierungsgesetz bzw. dessen Einführung
bestätigt nicht die Visionen von weitreichenden Umstellungen zahlreicher Unternehmen zu Diversity-freundlichen Strukturen die Autoren wie Krell (2004)
empfahlen und erhofften.

4. Diversity Management im Unternehmen

Interessant ist es Managing Diversity unter betriebswirtschaftlichen und bil-
dungsbezogenen Gesichtspunkten zu betrachten, weil Ansätze aus der Betriebswirtschaft oft zentrale Bezugspunkte darstellen (vgl. N. Kimmelmann
2009, S. 68). Das Ziel von Chancengleichheit ist wohlbemerkt keine *wirtschaftliche* sondern eine *ethische* Frage. Aus wirtschaftlicher Sicht ist Diversity eine
Strategie um einen wirtschaftlichen Vorteil zu erlangen und könnte im Falle
einer gegenteiligen Entwicklung auch vom Prinzip der Diversity-gerechten Un-

8

ternehmensführung wieder davon abkommen. N. Kimmelmann (2009) versteht Diversity als eine Frage der sozialen Gerechtigkeit. Dieser steht jedoch sowohl im profitorientierten privaten als auch im öffentlichen Sektor unter Druck, wenn Marktgesichtspunkte bestimmt werden. Es steht also der Zweck *Gewinnerreichung* dem Zweck *Beitrag zur sozialen Gerechtigkeit* gegenüber (vgl. N. Kimmelmann 2009, S. 69).

Eine weitere Definition des, der Arbeit zugrundeliegenden, Begriffs lautet:

Diversity Management ist ein Konzept, das auf die Wertschätzung von Vielfalt zielt und Strategien und Maßnahmen zur Schaffung von Wettbewerbsvorteilen durch einen produktiven Umgang mit Vielfalt umfasst. (V. Anders u.a. 2008, S. 14).

Die Umstrukturierung ist eine freiwillige Verpflichtung der Unternehmen, setzt bei der Leistung des Individuums an und wird ökonomisch legitimiert (vgl. A. Frohen 2005, S. 114). Der Begriff ist seit 1990 ein Konzept, das von der Betriebswirtschaftlehre und der Wirtschaft geprägt ist und „welches die Vielfalt der Belegschaft und sonstigen Stakeholder[n] bewusst zum Gegenstand des Unternehmens- bzw. Personalmanagements macht, indem sie deren personale Merkmale wertschätzt und in ihren Potenzialen für den Erfolg der Organisation aktiv nutzt." (N. Kimmelmann 2010, S. 63).

Arbeitnehmer/innen einer Organisation die nicht der oben beschriebenen homogenen oder dominanten Gruppe angehören und dadurch diskriminiert oder degradiert werden können und wollen nicht ihr volles Potential ausschöpfen, so Anders (2008). Die Gefahr, durch diskriminierende Filter, hoch qualifizierte Bewerber/innen im Voraus auszuschließen besteht ebenfalls (vgl. V. Anders u.a. 2008, S.14). Dadurch geht dem Unternehmen unter wirtschaftlichen Gesichtspunkten ein Wettbewerbsfaktor auf dem, internationaler und pluraler werdenden, Markt verloren. Dem Thema „Diversity Management" widmen sich in Deutschland zunehmend mehr Unternehmen. Dabei wird der *Cultural Diversity* erstaunlich selten Beachtung geschenkt. So gaben lediglich ca. 44 Prozent der deutschen Unternehmen an Cultural Diversity Managament umzusetzen. Das Ziel von Diversity Management hingegen ist es Bedingungen zu schaffen, die es allen Beschäftigten ermöglicht ihr Leistungspotenzial entfalten zu können und zu wollen (vgl. V. Anders u.a. 2008b, S. 14). Im Gegensatz zur homogenen monolithischen Unternehmenskultur steht dafür das Leitbild einer multikulturellen Organisation. Diese umfasse nach Cox (Krell 2008b, S.67) folgende Charakteristika:

1. Eine Kultur die Vielfalt fördert und wertschätzt
2. Pluralismus als Prozess der Akkulturation
3. Vollständige strukturelle Integration aller Mitarbeiter/innen
4. Vollständige Integration aller Mitarbeiter/innen in informelle Netzwerke
5. Vorurteils- und diskriminierungsfreie(re) personalpolitische Kriterien Verfahren und Praktiken,
6. Minimale Intergruppenkonflikte durch ein proaktives Diversity Management

Das Coxsche Modell soll *ein* wichtiges Konzept eines Diversity Managamentgerechten Ansatzes im Folgenden erläutert werden.

4.1. Das Coxsche Regelkreismodell

Ein bekannter Diversity Ansatz, um Unternehmen diesbezüglich zu gestalten, beruht auf dem Modell für einen kulturellen Wandel von Cox (2001). Dort zeigt er verschiedene Handlungsfelder auf und wie diese ineinandergreifen sollten. Das Regelkreismodell hin zum Wandel zur multikulturellen Organisation durch Diversity Management (Cox, 2001, S.19) ist eines der bekanntesten Modelle welches hier kurz vorgestellt wird. Der *Coxsche Regelkreis* beinhaltet die Faktoren: *Leadership > Research and Measurement > Education > Alignment of Management > Systems und > Follow up>*, die sich gegenseitig bedingen. Ein ähnliches Modell hat auch Watrinet (2007; 2008) entwickelt. Viele Unternehmen beginnen, wie das Coxsche Modell, mit der *Top- Down- Strategie* (V. Anders u.a. 2008b, S. 86). Diese beginnt damit Leitbilder und Führungsgrundsätze Diversity-gerecht einzusetzen und umzusetzen. Vielfalt muss hierbei einerseits vorgelebt werden, indem beispielsweise Führungskräfte weiblich oder mit Migrationshintergrund im Unternehmen eingesetzt sind. Andererseits muss gewährleistet sein, dass sich Mitarbeiter/innen mit dem Diversity-Leitbild identifizieren können. Um eine größtmögliche Identifizierung mit den Leitlinien zu erreichen ist *eine* Strategie, diese zusammen mit den Mitarbeitern zu entwickeln (V. Anders u.a. 2008b, S. 86). Eine integrierte Kommunikationsstrategie ist intern von

Vorteil. Extern, so S. Winter (2010, S. 66 f), sollte eine *Top down- Strategie* verwendet werden um eine einheitliche Darstellung zu erreichen. Eine schriftliche Fixierung der Inhalte helfen dabei, die Ziele nicht auf Lippenbekenntnissen ruhen zu lassen sondern sie in verbindliche, strategische Unternehmensrichtlinien und Grundlagen umzusetzen. Des Weiteren kann ein/e Diversity Manager/in als Bindeglied zwischen Mitarbeiter/innen und der Führungsschicht fungieren. Sie ist zentral in ihrer Aufgabe zur Entwicklung und Umsetzung des Diversity Managements. Diese Person muss, aufgrund ihrer Tätigkeit, Potenziale mitbringen, die ihr die Arbeit mit divergierenden Anforderungen im sozialen Bereich vereinfachen bzw. ermöglichen. Dies sind neben strategischen und taktischen Fähigkeiten generelle Dialog-, Konfrontations- und Kompromissfähigkeiten (vgl. ebd). In Unternehmen kann diese beauftragte Person in der Personalabteilung eingesetzt werden oder ihre Aufgaben werden auf eine verantwortliche Person innerhalb einer Gruppe oder eines Arbeitskreises übertragen. Im Diversity Managment (DiM) geht es um Fairness, Toleranz, Chancengleichheit wie auch Wertschätzung und Nutzung von Vielfalt. Alle dies sind zu beachtende Werte und zu realisierende Aufgaben der DiM beauftragten Person (vgl. G. Vedder in: S. Andersen, M. Koreuber, D. Lüdke 2009). Ungleiche Beschäftigte müssen ihren Bedürfnissen nach auch unterschiedliche behandelt werden um Fairness zu gewährleisten. Eine Gleichbehandlung von Ungleichen würde folglich einer Benachteiligung gleichkommen. Beispiele sind Beschäftigte mit oder ohne Kinder, die jeweils unterschiedliche Bedürfnisse haben, ebenso inländische Beschäftigte und Migranten/innen. DiM muss, wie der Name schon, sagt eine Aufgabe der Führungskräfte oder eines Managementbeauftragten sein. Diversität kann im positiven Fall kreative Lösungsansätze und flexiblere Reaktionen auf sich wandelnde Umweltanforderungen zur Folge haben. In ungünstigen Fällen können Entscheidungen verschleppt werden und eine Fülle an Komplexität die Beschäftigten und die zuständige Person überfordern (vgl. ebd.). Daher ist DiM auch angewandtes Konfliktmanagement. DiM ist also ein normatives Organisationskonzept das auf Theorien der Psychologie (Vorurteils- und Stereotypenforschung), der BWL (Human Ressource-Ansatz, Unternehmenskultur-Konzepte) und der Soziologie (Macht- und Identitätstheorien) beruht (vgl. ebd., S. 114).

4.1.1 Leadership: Leitbilder und Führungsgrundsätze und Research und Measurement: Bedarfsanalyse

Um ein Unternehmen Diveristy-gerecht umzustrukturieren ist es von Vorteil, vorab eine Bedarfsanalyse zu erstellen. Dies wird dem DiM Ansatz gerecht, weil die Partizipation der Organisationsmitglieder beachtet wird, um auch im Anschluss Aufklärungs- und Überzeugungsarbeit leisten zu können (vgl. G. Krell 2004, S. 52). Um eine Bedarfs- und Ist-Analyse (Organisationsanalyse) zu erstellen dient das *Research und Measurement*. Die Bedarfsanalyse dient dazu, eine gezielte Datengewinnung durchzuführen, um eine Basis für die systematische Umsetzung von personalpolitischen Maßnahmen zu erhalten (vgl. V. Anders 2008b). *Leadership*- wie weiter oben bereits als einen Schritt zur Diversitygerechten Unternehmensstruktur angeführt, bezieht sich also darauf im Leitbild und der Strategie sowie in den Grundsätzen einer Organisation dies zu verankern und zu kommunizieren (vgl. G. Krell 2004, S. 52). Dazu wird empfohlen, zuvor Informationen über die Personalstruktur zu sammeln und zwar zu den verschiedenen Diversity-Hintergründen der Beschäftigten im Unternehmen, in den verschiedenen Abteilungen, Tätigkeitsfeldern und hierarchischen Ebenen. Ist eine Überrepräsentanz bezogen auf eine spezifische Personengruppe zu verzeichnen, kann dies ein Indiz zum Handlungsbedarf anzeigen.

4.1.2. Education: Diversity Education

Diversity in Bezug auf *Education* bedeutet Aufklärungs- und Überzeugungsarbeit in einer Organisation zum Beispiel durch Schulungen, Trainings und Seminare. Dabei geht es darum den Diversity Gedanken in der Form zu verankern, Zustimmung zu mehr Vielfalt und Diversity- bezogenen Werten bei allen Beschäftigten zu verankern, sodass das gesamte Unternehmen in den Lern- und Veränderungsprozess mit einbezogen wird (vgl. V. Anders u.a. 2008, S 89). Hierzu werden Coachings, Mentoring und Diversity Trainings eingesetzt (G. Krell 2004).

4.1.2.1. Exkurs: Frauenspezifische Schulungen und Maßnahmen

Ein Weg um Chancengleichheit zu erlangen besteht darin, für eine spezifische Gruppe (=Zielgruppe) zugeschnittene Weiter- und Fortbildungsangebote zu offerieren. So hat sich, entgegen weitläufiger Meinung in den 70er Jahren, sowohl im Schulunterricht, als auch in der Erwachsenenbildung, die Co- Education von Frauen erfolgreich durchgesetzt. Die Nachfrage war unerwartet hoch und die Erwartung, über von Frauen geleiteten Kursen zu Chancengleichheit durch beruflich verbesserte Möglichkeiten zu gelangen, ambitioniert. Es kann vermutet werden, dass dies so ist, weil sich Deutschland im internationalen Vergleich, insbesondere mit den USA und den skandinavischen Ländern, was die Frauenquote in Führungs- und Fachpositionen betrifft im Nachtreffen befindet (L. Hofmann/E. Regnet 2003, S. 3). Die Kinderbetreuung in beinahe allen europäischen Ländern ist besser als hierzulande. Damit einher geht die gesellschaftliche Debatte in Österreich und der BRD, ob Frauen mit Kindern im Vorschulalter überhaupt berufstätig sein sollten. Aufgrund von Forschungen (Spender 1994), die Vor- und Nachteile der Co-edukation in Schulklassen untersuchten, zeigte sich, dass Mädchen in getrennt unterrichteten Gruppen bei Wahlmodulen häufiger in sogenannten „Männerfächern" wie Mathematik, Chemie, Physik oder Biologie anzufinden waren, wohingegen in gemischten Klassen die Mädchen in Wahlmodulen eher in Sprachen und sogenannten" Frauenfächern" anzutreffen waren. Spender (1994) fand in Lehreranalysen heraus, dass Jungen ebenfalls einen größeren Teil der Aufmerksamkeit erhielten, weil sie andere Verhaltensweisen an den Tag legten als Mädchen. So fühlten sich die Jungen benachteiligt wenn Mädchen im Unterricht gerade einmal ein Drittel der Aufmerksamkeit erhielten und forderten die Aufmerksamkeit der Lehrkräfte energischer heraus als ihre Klassenkolleginnen (vgl. ebd.). Die Jungen störten eher und unterbrachen den Unterricht wenn sie meinen zu wenig Aufmerksamkeit zu erhalten und setzten Druck und Beschwerde ein, wenn sie sich benachteiligt fühlen. Dieses Verhalten, so Spender (1994) setze sich im Erwachsenenalter fort. Männer unterbrechen eher, sie dominieren häufig die Gespräche und geben Themen oft vor. Sie greifen Redebeiträge selten auf. Frauen hingegen lassen sich deutlich häufiger unterbrechen, greifen Redebeiträge häufiger auf, drücken sich vorsichtiger aus, entschuldigen sich und zeigen insgesamt eher unterstützendes Gesprächsverhalten. Sie stellen bei gleichem Wissensstand mehr Fragen seien höflich, verbindlich aber weniger selbstbehauptend. Gleichzeitig wird zwischen Männern und Frauen in der Wahrnehmung unterschieden. Frauen die ausführlich in ihren Erklärungen sind werden als abschweifend, Männer dagegen als eloquent wahrgenommen. Ein Mann zeigt sich bestimmt und zielstrebig, die Frau ist aggressiv. Zudem hätten Frauen die Tendenz, Erfolg auf ihr Schaffen und nicht auf ihre Fähigkeiten zurückzuführen. Dadurch werden Männern häufiger Führungspositionen zugetraut und angeboten. In homogenen Gruppen sind Frauen dagegen aktiver, leiten das Gespräch bestimmter, bringen Themen ein, steuern das Gespräch, sind weniger schweigsam, so Trömel-Plötz (1996) (L. Hofmann/E. Regnet 2003, S. 3). Dies bedeutet aber auch, dass es, bei gleichzeitiger Umsetzung der Chancengleichheit im Unternehmen, wichtig ist, frauenspezifische Seminare und Kurse anzubieten. Qualifizierte Frauen müssen folglich die gleichen Basisqualifikationen wie ihre männlichen Kollegen erhalten und sich dennoch auch in heterogenen Gruppen behaupten und durchsetzen. Denn Selbstbehauptungs- und Rhetorikkurse seien kein Ersatz für gelebte Chancengleichheit in Unternehmen (vgl. ebd.). Einige Unternehmen wie beispielsweise Deutsche Bank AG, Deutsche Telekom AG, Commerzbank AG oder die Deutsche Lufthansa AG u.a. haben inzwischen Mentoring- Programme für weibliche Nachwuchskräfte, um deren Berufsentwicklungen zu reflektieren.

4.1.2.2. Lernkulturen: Diversity Trainings

Mit Aufkommen des Diversity Mainstreaming in Unternehmen nicht nur in den USA sondern auch in Deutschland, haben Diversity Trainings in der Erwachsenenbildung an Popularität gewonnen. Anders als kultursensibilisierende Trainings, die meist die Vorbereitung von Auslandsaufenthalten der Expatriats begleiten, zielen Diversity Trainings auf die Sensibilisierung der Beschäftigten im Umgang mit einer vielfältigen Belegschaft. Diversity Trainings richten sich ebenfalls explizit an Führungskräfte, deren Führungskompetenzen dazu dienen sollen, an einem international ausgerichteten Unternehmen eine vielfältige Belegschaft auf der Basis der *equity* (Gleichheit) bei gleichzeitiger Vielfalt führen zu können. Die grundlegende Frage, die sich in Zusammenhang mit Diversity Trainings stellt ist die nach der Definition des Umgangs mit Vielfalt G. Krell u.a. (2007). Diversity, so G. Krell, solle die Coxschen (1993) Charakteristika der multikulturellen Organisation mehr als Philosophie denn als Dogma verstehen, da sie als sehr idealistisch gilt. Der kleinste gemeinsame Nenner ist dabei die Überzeugung, dass Vielfalt, bezogen auf alle Organisationsmitglieder, (Mitarbeiter/innen, potenzielle beschäftigte, Kund/innen oder Investor/inn/en) bei optimalem Management, einen Wettbewerbsvorteil erreicht. Um Komplexität zu reduzieren werden die zu berücksichtigenden Diversity-Merkmale in den USA als die „big 8" also *race, gender, ethnicity/nationality, organzitazional role/function, age, sexual orientation, mental/physical ability* und *religion* zusammengefasst. Dabei kann Vielfalt als Unterschied verstanden und folglich für ein Unternehmen mit der Konzentration auf Gemeinsamkeiten und Unterschiede geworben werden. Personalpolitische Maßnahmen und Weiterbildung wirbt dann mit den „besonderen Potenzialen" die in „altersgerechten" oder „geschlechterspezifischen" Maßnahmen angeboten werden. Der Nachteil an dieser Sichtweise ist die Zuschreibung von homogenen Potenzialen, Interessen und Bedürfnissen bestimmter Gruppen die dadurch hochgradig stereotypisiert werden. Dass zwischen ihnen und innerhalb von Merkmalsgruppen Unterschiede bestehen, wird nicht wahrgenommen. Daher kommt erneut die Frage nach der Gewichtung von Anerkennung - equity und Wirtschaftlichkeit bzw. Effizienz auf (vgl. G. Krell u.a. 2007). Ansprüche auf Anerkennung stehen meist mit dem Verweis auf die vermeintliche Besonderheit einer spezifischen Gruppe in Verbindung. Krell greift hier auf die Theorie von Fraser (2001) und Knapp (2005) zurück. Die Problematik liege in der „Vereigenschaftlichung" durch Diversity Management. Hier setzen die, von Fraser als „transformativ" bezeichneten, Strategien an, welche der Dekonstruktion vermeintlicher Gruppenidentitäten dienen. Diese Strategien können in Diversity Trainings angewandt werden. Die Essenz ist hier die universelle Gleichheit bei Anerkennung der Vielfalt. Egalität und Diversität sind hiernach keine gegensätzlichen Entwürfe (vgl. A. Prengel u.a. 2007). Um auf die wichtigsten Bausteine der Diversity Education Bezug zu nehmen, ist insbesondere das Verständnis von Gleichheit und Freiheit in Bezug auf den Entfaltungsraum in einer Demokratie voranzustellen. Dazu schreibt A. Prengel (2007):

Die Denkfigur der egalitären Differenz beruht auf dem demokratietheoretisch begründeten Zusammenhang von Gleichheit und Freiheit. (A. Prengel 2007, S. 53)

Das Wertschätzen von Vielfalt beabsichtigt also die Öffnung eines freien Raumes auf Basis des Respekts für ein frei gewähltes Leben, das aus dem „Reichtum kollektiver kultureller Traditionen schöpfen kann" (A. Prengel u.a. 2007, S 53). Weitere grundlegende Aspekte der Diversity-Pädagogik ist Anerkennung als Fundament des Gelingens von Sozialisations- und Bildungsprozessen.

Die, 1948 von den Vereinten Nationen beschlossenen, Menschenrechte sind in ihrer Anerkennung von Rechten der Einzelgruppierungen, wie beispielsweise Frauen- und Kinderrechte, Rechte von Menschen mit Behinderungen, auch Teil dieser Anerkennung egalitärer Differenz. Die Pädagogik wendet sich hiernach an heterogene Adressaten. Aufgrund dieser mannigfaltigen heterogenen Dimensionen differenziert sich auch die Pädagogik der Vielfalt aus. Erst 2007 trat die Konvention zur kulturellen Vielfalt in Kraft, die in „Würdigung der Bedeutung der kulturellen Vielfalt auf dem Fundament der Erklärung der Menschenrechte beruht. In den Wahrnehmungen und Anerkennungen finden sich Impulse für eine Weiterentwicklung dieser Menschenrechtsfassung und für das pädagogisch professionelle Handeln" (vgl. A. Prengel u.a. 2007). Die Menschenrechte und die Menschenrechtsbildung legen den Grundstein für die Pädagogik der Vielfalt. Sie differenziert sich je nach Heterogenitätsdimension aus. Wobei die verschiedenen Bedürfnisse, Kompetenzen oder Probleme der Adressatengruppen wahrnehmbar werden. Durch die Zusammenfassung und Gruppierung von Angehörigen einer Heterogenitätszugehörigkeit werden im sozialen Raum Streitigkeiten um Differenz geführt. Die sich neu bildenden Gruppierungen verschaffen sich wiederum Gehör und fordern erneut ihre Gleichheitsrechte ein. Vermischungen, Überschreitungen und Veränderungen werden dann von Theoremen wie beispielsweise der Transkulturalität beschrieben (vgl. ebd.).

Als eine weitere definitorische Komponente führt A. Prengel (2007) das „Tertium Comparationis", die Blickrichtung auf den Gleichheitsbegriff oder auch den Bezugspunkt, an. Sonst geraten Aussagen über Gleichheit, z.B. „Jungen und Mädchen sind gleich" ins Pauschale, gar Sinnlose wenn es nicht, wie beispielsweise oben bereits genannt, auf das Recht auf Bildung bezogen wird. Auch Überschneidungen von Heterogenitätskomponenten wie die Intersektionalität ermöglichen eine Analyse dieser verwobenen Dimensionen bei gleichzeitiger Verflechtung. So können Kultur, Alter, Geschlecht und Leistung gleichzeitig beachtet, und daraus gezielte Handlungsoptionen abgeleitet werden. Problematische Vereinfachungen und Stereotypisierungen über bestimmte Zielgruppen lassen sich hierdurch vermeiden. Dabei ist die ständige Veränderbarkeit von Heterogenität stets zu beachten. Für Pädagog/inn/en ist die Betrachtung und Differenzierung von Ebenen, und dabei insbesondere der Ebene des Individuums wichtig.

N. Kimmelmann (2009) verweist auf die relativ neue, im Umgang mit Vielfalt erworbene, Erfahrung und den Umgang mit Diversity und bezieht sich auf den von Appelbaum (2002) angeführten Wandel in den Erziehungswissenschaften von multikulturellen bzw. interkulturellen Konzepten in Europa bis zum Aufkommen des Begriffs *Diversity Education* in den letzten Jahren. Sie verweist in dem Zusammenhang auf den, im deutschen Raum zuvor gebrauchten Begriff bzw. das Konzept, der Pädagogik der Vielfalt. A. Prengel (1993) stellte die grundlegende Verbindung von Verschiedenheit, Gleichheit, Freiheit, Menschenrechten und Anerkennung fest und brachte damit in der Erziehungswissenschaft die Teildisziplinen der Sonderpädagogik, Geschlechterpädagogik und der interkulturellen Pädagogik in Verbindung und untersuchte sie, wie bereits angeführt, auf Gemeinsamkeiten hin. A. Prengel nimmt mit ihren Methoden Bezug auf schulische Systeme und die Zusammensetzung ihrer Schülerschaft, wie auch den Umgang mit ihnen. Kritik an Prengels Ansätzen wird in Bezug auf ihre Analogisierung von Differenzlinien wie Geschlecht, Gesundheit, Behinderung, und Nation, Ethnie und Kultur laut und die vernachlässigte Unterscheidung in Bezug auf Genesis und Geltung. Hier nimmt N. Kimmelmann Bezug auf H. Lutz (1999). Fraglich seien auch ihre Ansätze der Elementar- und Grundschulpädagogik, wie beispielsweise das Kreisgespräch, die sie als paradigmatisch für die Pädagogik der Vielfalt beschreibt. Auch wenn Grundsätze dessen sich in einen Gesamtkontext als Impulse sinnvoll einbeziehen lassen um kommunikative Kompetenz, soziale Empathie und Multiperspektivität in einer Gruppe zu entwickeln. Sie verweist darauf, dass es wichtig sei in dem Zusammenhang darauf zu achten, nicht allzu harmonierende Tendenzen zu erwirken und die Entwicklung eigener Standpunkte und begründeter Parteilichkeit zu unterdrücken oder einzuschränken. Hier muss der/die Pädagog/en/innen auf eine angemessene Gewichtung und Möglichkeit des Austausches und auf die Themen geachtet werden, um eine zu starke Normierung zu vermeiden (vgl. ebd).

4.1.2.3. Exkurs: Interkulturelle Trainings

Häufig werden in international ausgerichteten Unternehmen oder Unternehmen mit einer vielfältigen Belegschaft weniger Diversity-, dafür interkulturelle Trainings angeboten. Diese fanden in den letzten Jahren vermehrt auf dem europäischen und deutschen Markt Abnahme. Ansatz und Wirkung interkultureller Trainings sind dennoch umstritten. So kritisiert N. Kimmelmann den Ansatz interkultureller Trainings einerseits aufgrund der Verwendung des oft engen Kulturbegriffs, nach dessen Definition Kulturen als „abgeschlossene, homogene und statische Einheiten wahrgenommen [werden]" (N. Kimmelmann 2009, S. 73). Der Begriff steuert dem des Diversity-Begriffs entgegen, da Kultur als in sich abgeschlossenes System und kulturalisierend, also auf eine unveränderbare Essenz reduzierend, beschrieben wird. Der Begriff „inter" verdeutlicht dies, anhand der Vorstellung von Kulturen also Gebilden, zwischen denen die interkulturelle Pädagogik vermitteln oder dafür sensibilisieren soll. A. Bittner (2003) konstatiert, Grundlage jedes interkulturellen Trainings sei die Überzeugung, dass Menschen von bestimmten Werten, Normen und Rollenerwartungen geprägt sind, die sie aufgrund ihrer kulturellen Zugehörigkeit und Sozialisation verinnerlicht haben und dadurch ihr Verhalten in bestimmten Situationen mitbestimmen. Interkulturelle Trainings müssten aufgrund der Effizienzerwartungen, die von Unternehmen gesetzt sind, vor allem Konzepte zur Vermittlung zum Umgang mit Mitgliedern der angestrebten ausländischen Wirtschaftskontakte liefern. Hier ist das Ziel und die Ausgangsituation eine andere als in der Ausrichtung eines Unternehmens zum Diverstity-gerechten Management. Obwohl beide Ansätze den wirtschaftlichen Erfolg als eines der wichtigsten Ziele stecken, geht es in der Theorie um unterschiedliche Ideen von Umgang mit Vielfalt und Identität an sich. In der Geschichte der Interkulturellen Trainings ist eines der ersten Konzepte das „Culture Awarenes Konzept", in welchem explizit vermieden wird, vorgefertigte Ideen und Standards über verschiedene Kulturen zu vermitteln. Dagegen soll versucht werden, die Angst vor dem „Unbekannten" und „Fremden" zu nehmen und eine offenere Herangehensweise an Menschen „anderer" Kulturen zu vermitteln. Die Teilnehmer (TN) sollen für zentrale Dimensionen interkultureller Unterschiede sensibilisiert werden, um im realen

18

Kontakt besser befähigt zu sein, sich der neuen Kultur zu öffnen bzw. sich die Erwartungen des neuen Partners unbekannter kultureller Herkunft schneller zu erschließen (vgl. A. Bittner 2003). Ziel ist es somit, sich selbst zu erkennen und den anderen dadurch besser verstehen zu können. Genutzt werden hier Rollenspiele und Kultursimulationsspiele die es ermöglichen, sich durch das Ausprobieren einer anderen Rolle in die Situation mit einem fremdkulturellen Kontakt zu versetzen. Eine weitere verbreitete Methode ist die der „Contrast Culture", die in einem Trainer/innen Team angeboten wird. Hier wird den Teilnehmenden durch Vorführen eines Dialoges, in dem „Critical Incidents" nachgespielt werden, die Problematik interkultureller Konflikte verdeutlicht. Im Anschluss klärt der/die fremdkulturelle Trainer/in die Hintergründe, welche häufig in Wertvorstellungen der eigenen kulturellen Sozialisation begründet liegen, auf um den Teilnehmer/innen die Begründung der eigenen Handlung bzw. Reaktion zu erläutern. Nach Bittner (2003) liegt die Wahrscheinlichkeit interkultureller Sensibilisierung mit gleichzeitiger Handlungsorientierung für den fremdkulturellen Kontext am nächsten. Diversity Trainings haben einen anderen Ansatz um für den Umgang mit Vielfalt zu sensibilisieren. Diversity Trainings zielen weniger auf die Vorbereitung von Expatriats auf Auslandsaufenthalte und sind in ihrer Grundlage und Konzeption daher verschieden und kaum mit den interkulturellen Trainings vergleichbar. Dennoch werden einzelne Methoden, beispielsweise der „Culture Awarenes" Trainings, wenn auch in angepasster Form, angewandt.

Die Diversity Education legt den Fokus des Erfahrungshintergrundes und der Leitkategorie nicht auf Kultur und damit auf einheitliche Identitäten oder einzelne isolierte Gruppenmerkmale die sich dann zu einem Stigma entwickeln können (vgl. W. Schröer 2006). Vielmehr wird zuerst nach sozialen Kontexten gefragt. Fragestellungen, denen die Pägagog/inn/en nachgehen, sind beispielsweise: Weshalb, in welcher Weise und mit welchen Folgen wird in einem bestimmten sozialen Kontext die Frage nach der Kultur besonders bedeutsam? Besonders wichtig im Unternehmenskontext ist schlussfolgernd der Ansatz der Diversity Education um verschiedene Ansätze zu verbinden und dadurch einerseits zu eng gefassten Kulturbegriffen entgegenzuwirken und andererseits kritische Ansatzpunkte zur Auseinandersetzung mit normativ aufgeladenen Gemeinschaftskonzepten und damit einhergehenden Homogenitätserwartungen zu bieten (vgl. N. Kimmelmann 2010).

4.1.3. Alignement of Measurement Systems: Strategien, Verfahren und Kriterien des Personalmanagements

Alignment of Management Systems ist nach Cox (2001) auf alle Regeln, Praktiken, Prozeduren und organisationale Politiken bezogen. Bezogen auf die Personalpolitik geht es um die Prüfung der Pro-Aktivität in der Entwicklung hin zu einer Multikulturellen Organisation (vgl. G. Krell 2004). Hierzu ist es notwendig die personalpolitischen Kriterien, Instrumente und Praktiken auf ihr Gleichstellungs- und Diskriminierungspotenzial hin zu untersuchen und ihren Ergebnissen entsprechend anzupassen. Je nachdem welche Kriterien in Blick genommen werden, ist es wichtig diese daraufhin zu prüfen, ob bzw. inwiefern sie die strukturelle und soziale Integration von beispielsweise Frauen oder Personen mit Migrationshintergrund hemmen oder fördern (vgl. V. Anders u.a. 2008). Das Diskriminierungspotential soll dahingehend geprüft werden, ob es Beschäftigte aufgrund bestimmter Merkmale, in den im Unternehmensbereich eingesetzten Gestaltungsmethoden diskriminiert. Sie soll vor allem der Schadensreduzierung dienen (vgl. G. Krell 2004). Die Prüfung des Gleichstellungspotenzials zielt auf die Wirksamkeit der Instrumente bezüglich der Chancengleichheit bzw. Diversity. Hier spielen die Erhöhung von Motivation und Kompetenz von Führungskräften eine Rolle. Diese werden einerseits durch Diversity Trainings zur Führungskräfteentwicklung aber auch zum Teambuilding, andererseits durch Diversityorientierte Führungskräftebeurteilung und –Vergütung erreicht (vgl. ebd.).

4.1.4. Follow up: Zielerreichungskontrolle

Follow up hat als einzige Komponente Anknüpfungspunkte mit allen anderen Komponenten, insbesondere mit *Reasearch und Measurement*. Teil der Ausgestaltung ist es, durch kontinuierliche Verbesserungsprozesse nachhaltige Ergebnisse zu erreichen. Dies kann beispielsweise über ein Gleichstellungscontrolling erzielt werden. Dabei werden *Soll-Ziele* (z.B. die Erhöhung des Anteils von Beschäftigten mit Migrationshintergrund) formuliert und stetig anhand von *Ist-Analysen* überprüft. Anhand dessen können dann weitere Soll-Ziele avisiert werden z.B. anhand der Analyse des Antidiskriminierungspotenzials und der

Aktivierung von Gleichstellungspotenzial. Daraufhin können Ziele korrigiert und erneuter Handlungsbedarf abgeleitet werden (vgl. V. Anders u.a. 2008). Wird DiM als Unternehmensziel festgelegt, ist eine Möglichkeit dies über das Controlling Instrument *Balanced Scorehead* zu tun. Dort werden Ziele für alle Ebenen und Bereiche festgelegt, was eine regionale und internationale Steuerung erleichtert (vgl. F. Schreyögg 2008 in V. Anders u.a. 2008).

4.1.5. Bottom up: Herausforderungen für die Personalentwicklung/das HRM

Diversity und Personalbeschaffung sind zwei sich wechselseitig bedingende Bereiche. Die Personalbeschaffung erfüllt durch Neueinstellungen eine Schlüsselfunktion für Diversity weil dadurch gezielt die Vielfalt einer Belegschaft erhöht werden kann. Umgekehrt stellt Diversity für die Personalbeschaffung eine Aufwertung dar, indem ihre Nutzung als Image-Faktor das Personalimage eines Unternehmens verbessert. Zusätzlich wird durch die Integration von Diversity und die Rekrutierung eine qualitative Verbesserung der Personalbeschaffung erreicht, indem beispielsweise eine ausgewogene Sprache, vielfältiges Bildmaterial und differenzierte Ansprachewege verwendet werden. So sprechen suchende Unternehmen eine weite Bandbreite des Arbeitsmarktes an. Die Optimierung von Auswahlprozessen wird durch Diversity-gerechte Personalbeschaffung angestrebt und dadurch erreicht, dass nicht mehrheitlich ein bestimmter Kandidatentyp, der der Norm der Monokultur entspricht, ausgewählt wird. Das bedeutet Auswahlprozesse die in Diversity - gerechter Weise geführt werden, gewährleisten die Erhaltung der KandidatInnen-Vielfalt vom Bewerbungsprozess bis zur Einstellung (vgl. Stuber 2002). Bei der Einarbeitung von Personal wäre ein weiterer Schritt, die Bedeutung von Diversity im Arbeitsalltag zu verdeutlichen. Ziel dieser *Bottom up* Methode ist es durch Diversity als integralem Bestandteil der Personalbeschaffung das Unternehmen zu einer *multikulturellen Organisation* zu führen, die die Vielfalt der Gesellschaft widerspiegelt. Wichtig ist es gleichzeitig die Kompetenzen in der pluralen Belegschaft im Umgang mit Unterschieden zu kombinieren um erfolgreich zu bleiben und zu werden (vgl. ebd). Durch diese Methode kann das erreicht werden, was durch Quoten oft gezwungenermaßen anvisiert aber nicht verinnerlicht wird: der selbstverständliche Umgang mit einer pluralen (Arbeits-) Umwelt. Beide Methoden, sowohl *Bottom up* als auch *Top down* lassen sich gleichermaßen und in Kombination realisieren.

5. Fazit/Ausblick

Diversity Managament und Human Resource Management sind zwei zusammenhängende, in naher und weiter Zukunft nicht wegzudenkende, Teile chancengleicher und diskriminierungsfreier Unternehmenskultur in einer demokratischen und pluralen Gesellschaft wie sie in Deutschland existiert. Aufgrund der Antidiskriminierungsarbeit die in Deutschland einen wichtigen Stellenwert erhalten hat und einer Gesellschaft, die sich als Einwanderungsgesellschaft versteht, sind langfristig gesehen Unternehmen ohne Diversity Management nicht vorstellbar. Für die Erwachsenenbildung bedeutet dies, dass der Markt für Diversity Trainings dichter wird und die Erfahrung, Methodik und Qualität der Angebote sich in den kommenden Jahren ausdifferenziert, was Zertifizierungsmaßnahmen wie sie bereits in einigen Programmen (Eine Welt der Vielfalt/Xenos) zu finden sind, zur Folge hat. Durch Konzeptionelle Ansätze wie der Anti Bias und die Intersektionalität werden Inhalte und Methoden immer wieder an neueste Forschungserkenntnisse im Bereich Antidiskriminierung angepasst und entwickelt um der Pädagogik die Möglichkeit der Diversity- gerechten Umsetzung in der Praxis zu ermöglichen. Relevant sind hierbei die stetige Verknüpfung von verschiedenen Forschungsbereichen wie Gender Studies, Interkultureller Erziehung, Diversity Studies und anderen um einer möglichst umfassenden Sicht auf die Gestaltung von Seminaren, Trainings sowie Fort- und Weiterbildungen an die Bedürfnisse der verschiedenen Zielgruppen und sich wandelnden Rahmenbedingungen anzupassen. Diversity wird voraussichtlich in der Erwachsenenbildung in Deutschland aufgrund der demografischen Veränderungen eine wichtige Rolle spielen. Dies aufgrund der alternden Gesellschaft der wachsenden kulturellen Vielfalt, der Individualisierung und damit einhergehenden Ausdifferenzierung von Lebensentwürfen und damit wiederum einhergehenden Heterogenisierung der Gesellschaft. Nicht nur in Unternehmen, in jeglichen Lebensbereichen ist die Kompetenz im Umgang mit Diversity/Vielfalt unumgänglich. Um hier das Rad nicht neu erfinden zu müssen, ist es notwendig sich an bestehenden Konzepten zu orientieren und gleichzeitig die im eigenen Land gesellschaftlichen und politischen Gegebenheiten für eine chancengleiche (nicht ausschließlich wirtschaftliche) Entwicklung mit zu berücksichtigen.

6. Literaturverzeichnis

Anders, V., Ortlieb R., Pantelmann, H., Reim, D. Sieben B., Stein, S. (2008): Diversity und Diversity Management in Berliner Unternehmen. Im Fokus: Personen mit Migrationshintergrund. Ergebnisse einer quantitativen und qualitativen empirischen Studie. München und Mering: Reiner und Hampp Verlag.

Bittner A. (2003): Interkulturelles Management Training. In R. H. Jung & H. M. Schäfer (Hrsg.) Vielfalt gestalten – Managing Diversity. Kulturenvielfalt als Herausforderung für die Gesellschaft und Organisationen in Europa. 3. Völlig neu bearb. Aufl. (Interdisziplinäre europäische Studien ; 1, S. 141-154). Frankfurt am Main: IKO-Verl. Für interkulturelle Kommunikation.

Davidoff A. (2009): Creating diverse organizations: A guide for career development professionals. A Final Project submitted to the Graduate Centre for Applied Psychology, Athabasca University In partial fulfillment of the requirements for the degree of Master of councelling. Alberta.

Hofmann m. L./Regnet E. (2003): Innovative Weiterbildungskonzepte. Trends, Inhalte und Methoden der Personalentwicklung in Unternehmen. 3. Auflage. (S. 113-123). Göttingen, Bern, Toronto, Seattle: Hogrefe Verlag für Psychologie.

Hofmann m. L./Regnet E. (2003): Innovative Weiterbildungskonzepte. Trends, Inhalte und Methoden der Personalentwicklung in Unternehmen. 3. Auflage. (S. 183-193). Göttingen, Bern, Toronto, Seattle: Hogrefe Verlag für Psychologie.

Krell, G. (1996): Mono- oder multikulturelle Organisationen: „Managing Diversity" auf dem Prüfstand. In: Industrielle Beziehungen, Jg. 3, Heft 4/1996, S. 334-350.

Krell G. (2004): Diversity Management: Chancengleichheit durch Personlapolitik. Gleichstellung von Frauen und Männern in Unternehmen und Verwaltungen. Rechtliche Regelungen – Problemanalysen – Lösungen. 4. Vollst. überarb. U. erw. Auflage. (S. 41-57). Wiesbaden: Gabler Verlag.

Krell G. (2007): Diversity Studies. Grundlagen und disziplinäre Ansätze. Frankfurt: Campus Verlag.

Krell, G. /Riedmüller, B. /Sieben, B. /Vinz, D. (Hg.) (2007): Diversity Studies. Grundlagen und disziplinäre Ansätze, Frankfurt a.M./New York: Campus

Wilbers, K. /Kimmelmann N. (Hrsg) (2009): Berufliche Bildung in der Einwanderungsgesellschaft. Diversity als Herausforderung für Organisationen, Lehrkräfte und Ausbildende. Texte zur Wirtschaftspädagogik und Personalentwicklung. Band 2. Erlangen: Shaker Verlag.

Wilbers, K. /Kimmelmann N. (Hrsg) (2010): Cultural Diversity als Herausforderung der beruflichen Bildung. Standards für die Aus- und Weiterbildung von pädagogischen Professionals als Bestandteil von Diversity Management. Texte zur Wirtschaftspädagogik und Personalentwicklung. Band 2. Erlangen: Shaker Verlag.

Stuber (2002): Diversity Management. In: Personalmanagement, Heft 03/2002 /51, S. 48-53.

Beauftragte der Bundesregierung für Ausländerfragen (Hrsg.) (2002): Daten und Fakten zur Ausländersituation, Berlin, Februar 2002.